REINHARD STENGEL

Die AURA

sehen, verstehen
und heilen

[redacted]

Schirner Verlag

ISBN Printausgabe 978-3-8434-5072-0
ISBN E-Book 978-3-8434-6101-6

Reinhard Stengel:
Seelenschamanische Energiearbeit
Die Aura sehen, verstehen und heilen

Umschlag: Murat Karaçay, Schirner,
unter Verwendung von # 8742024
(Sunnydays), www.fotolia.com
Satz & Redaktion: Bastian Rittinghaus, Schirner
Lektorat: Dirk Grosser
Printed by: Ren Medien GmbH, Germany

www.schirner.com

5. Auflage Juni 2016

Inhalt

Die Ratschläge in diesem Buch sind sorgfältig erwogen und geprüft. Sie bieten jedoch keinen Ersatz für kompetenten medizinischen Rat, sondern dienen der Begleitung und der Anregung der Selbstheilungskräfte. Alle Angaben in diesem Buch erfolgen daher ohne Gewährleistung oder Garantie seitens des Autors oder des Verlages. Eine Haftung des Autors bzw. des Verlages und seiner Beauftragten für Personen-, Sach- und Vermögensschäden ist ausgeschlossen.

Vorwort

Die Aura ist das Bindeglied zwischen der physischen Welt und den feinstofflichen Ebenen. Sie umgibt unseren Körper in mehreren Schichten und ist gewissermaßen das Tor zur Seele – ein Energiefeld, das uns schützt und an dem wir mit etwas Übung viel ablesen können. Daher ist die Aura für unsere seelenschamanische Arbeit von zentraler Bedeutung.

Wenn wir lernen, die Aura zu sehen, zu spüren, zu lesen und zu reinigen, steht uns ein kraftvolles Werkzeug zur Verfügung, um uns selbst und andere im Heilungsprozess zu begleiten.

Ich hoffe von ganzem Herzen, dass du dieses Buch als Anregung zur Erweiterung deines Bewusstseins siehst, um zu erkennen, dass unsere Sinne weit über die physische Welt hinausgelangen können. Alles, was lebt, ist umgeben und durchdrungen von feinstofflichen Energien, zu denen unser Alltagsbewusstsein oft keinen Zugang findet, die wir aber mithilfe der seelenschamanischen Arbeit wahrnehmen und positiv beeinflussen können. Eine schöne und lohnenswerte Arbeit, die uns auf einer weiteren Ebene miteinander und mit der Welt verbindet!

Manches an dieser Arbeit mag für den logisch und analytisch geprägten Alltagsverstand schwierig oder gar unmöglich erscheinen. Vertraue daher bitte auf dein Bauchgefühl, deine Intuition. Wenn du dich dieser Arbeit derart feinfühlig und offen näherst, wirst du überrascht sein, wie sich dein Wahrnehmungsfeld verändert.

Ich wünsche dir eine neue Sicht deiner selbst, deiner Mitmenschen und der lebendigen Welt, die dich umgibt und trägt.

Reinhard Stengel

Der Anfang: Die Sonnenkraft

Die morgendliche Sonnenröte steigt empor und weckt das Leben. Und sie erdet den Schamanen, der dieses Licht willkommen heißt. Seinen Körper und sein Wesen dem neuen Tag entgegengewandt, begrüßt er die Sonne im Osten und damit das neue Reich der Möglichkeiten, die sich heute bieten.

Das Rot der aufgehenden Sonne wird dem Wurzelchakra zugeordnet. Steigt die Sonne höher, verändert sich ihre Farbe. Sie wird weicher, geradezu sanftmütig, und gleitet weiter in ein Orange, das dem Nabelchakra entspricht. Sie wird gelb und berührt das Solarplexuschakra, weckt dann mit ihrem Licht das grüne Leben um uns herum und in unserem Herzchakra, lässt den Himmel blau erstrahlen wie unser Kehlchakra und scheint schließlich weiß wie unser Stirnchakra. Farbe für Farbe kommen wir so dem Göttlichen näher. Wir vertrauen, ganz wie die Schamanen alter Tage, dieser Schwingung, die uns harmonisiert. Bei Sonnenuntergang zieht sich die Energie dann zurück, um am nächsten Morgen mit neuer Kraft wieder aus der Erde aufzutauchen und uns zu nähren.

Zwar ist uns modernen Menschen bewusst, dass die Sonne nicht wirklich »aufgeht«, sondern dass die Rotation der Erde uns diesen Eindruck vermittelt, doch seien wir einmal ehrlich: Ist diese eher nüchterne wissenschaftliche Betrachtungsweise wirklich unsere Erfahrung? Oder ist uns die jahrtausendealte Vorstellung, dass die Sonne im Osten aus der Erde emporsteigt, nicht immer noch viel näher?

Mit dem Herzen eines Schamanen gesehen, ist die Welt durch und durch beseelt, voller Zeichen und willens, uns in jedem Moment tief zu berühren.

Die Vorgänge in der Natur berühren und bewegen uns – und je mehr wir uns für sie öffnen, desto tiefer wirken sie in uns, bezaubern sie uns, verwandeln sie uns. Aus diesem Grund möchte ich diesem Buch eine Übung voranstellen, die uns diese Öffnung schenken kann. Man kann sie immer wieder ausführen und sich so mit der Welt des Lebendigen verbinden – es gibt kaum einen besseren Start in den Tag.

Übung 1: Ein schamanischer Sonnengruß

Stelle dich bei Sonnenaufgang ins Freie, vielleicht in deinen Garten oder einen Park. Wenn die Temperaturen es zulassen, mache diese Übung barfuß, und nimm über deine Fußsohlen Kontakt zu Mutter Erde auf. Wende dein Gesicht der aufgehenden Sonne im Osten zu, schließe deine Augen, und atme dreimal tief ein und aus. Spüre, wie die Strahlen der Sonne dich berühren und dich beleben. Mache dir bewusst, wie die Sonne in diesem Moment alles Leben um dich herum berührt und überhaupt erst möglich macht.

Das Gestern ist vergangen – heute ist ein neuer Tag mit Abertausenden neuen Möglichkeiten. Die Sonne stärkt dich und deine Tatkraft. Sie nährt dich und deine Empfindungsfähigkeit. Sie macht dich wahrhaft lebendig!

Vielleicht möchtest du nach einer Weile deine Arme ausbreiten, um die Sonne noch mehr willkommen zu heißen. Vielleicht möchtest du dich auch mit vor der Brust aneinandergelegten Händen vor ihr verbeugen und dich für ihre Kraft bedanken. Führe eine körperliche Geste aus, die sich in diesem Moment gut für dich anfühlt, und beginne dann deinen Tag mit der Sonne in deinem Herzen.

Die Sonne stärkt dich und deinen Körper, deine Knochen, deine Haut. Aber sie stärkt auch deine Aura, da ihr elektromagnetisches Feld Einfluss auf alle von ihr beschienenen elektromagnetischen Felder hat. Eines dieser Felder, unsere Aura, werden wir uns nun in den folgenden Kapiteln genauer ansehen.

Was ist die Aura?

Alles Lebendige wird von einem elektromagnetischen Energie- oder Schwingungsfeld umgeben, ohne das es nicht existieren könnte. Dieses umgibt nicht nur jeden Menschen, sondern ebenso Tiere und Pflanzen. Man könnte die Aura auch als ätherische Strahlung oder Ausstrahlung bezeichnen.

Auch unser Heimatplanet, unsere Mutter Erde, ist in ihrer Ganzheit von einer Aura umhüllt, die wir gemeinhin unter dem Begriff Erdatmosphäre kennen. Diese ist, wie bei uns Menschen, ein veränderbares Energiefeld, das auf Belastungen und Einflüsse von außen reagiert. Es reicht bis zu achtzig Kilometer ins All. Ohne diese Atmosphäre wäre kein Leben auf der Erde möglich, und dieser Planet wäre bloß tote Materie.

So wichtig die Erdatmosphäre für das Leben allgemein auf der Erde ist, so wichtig ist das Energiefeld, das uns direkt umgibt – unsere Aura –, für unser individuelles Dasein. Die Aura umhüllt und schützt uns. Gleichzeitig werden durch die Aura permanent Informationen und Energien aufgenommen und abgegeben.

Die Bezeichnung Aura kommt aus dem Griechischen und bedeutet ursprünglich »Windhauch«. In allen Zeiten und Kulturen berichteten Hellsichtige, wie die

Aura den physischen Körper umgibt und sich in allen Farben des Spektrums zeigt. Schüler des Gautama Buddha berichteten, seine Aura habe viele Meilen weit gereicht.

Auch in den abendländischen Kulturen finden wir etliche Zeugnisse über die Aura. So notierte der schwedische Mystiker Emanuel Swedenborg (1688–1772) in seinem *Geistigen Tagebuch*: »Es gibt eine geistige Sphäre, die jeden umgibt, dazu ebenso eine natürliche und eine körperliche.«

Und zweihundert Jahre davor hatte der Schweizer Arzt Paracelsus (1493–1541) die Aura wie folgt beschrieben: »Die Lebenskraft ist nicht im Menschen eingeschlossen, sondern strahlt um ihn herum wie eine leuchtende Kugel und verfügt womöglich über eine Fernwirkung. In diesen halbnatürlichen Strahlen kann die Vorstellungskraft des Menschen gesunde oder krankmachende Wirkungen hervorrufen. Sie kann die Lebensessenz vergiften und Krankheiten auslösen, oder sie kann sie reinigen, wenn sie unrein wurde, und die Gesundheit wiederherstellen.«

Auch gibt es Bibelstellen, bei denen es offensichtlich um die Aura geht. So heißt es im Matthäus-Evangelium: »Und er wurde verklärt vor ihnen, und sein Angesicht leuchtete wie die Sonne und seine Kleider wurden weiß wie das Licht.«

Die Aura als Heiligenschein, mit denen das Jesuskind, Maria und Josef und alle übrigen Heiligen, die Märtyrer, Nothelfer und Apostel in der Darstellung christlicher Kunst ausgestattet wurden? Ich denke, ja!

Die biblische Mutter Maria, die ein gutes Bild für innere Balance ist, erschien häufig Kranken in einem weißen Licht, das so viel Wärme und Liebe ausstrahlte, dass jeder sich ihrer Fürsorge hingeben konnte, der dazu bereit war – d. h., ihre Aura war so spürbar beeindruckend, dass sich die Menschen von ihr angezogen fühlten und im Licht ihrer Ausstrahlung ihren eigenen Heilungsprozess beginnen konnten.

Sicherlich gibt es noch viele Beispiele mehr, die verdeutlichen, dass Menschen schon immer die Aura in der einen oder anderen Form wahrgenommen haben. Für uns ist jedoch vor allem entscheidend, was uns die Aura zu sagen hat und wie wir mit diesen Informationen uns oder unserem Klienten helfen können. Denn an diesem so wichtigen Energiefeld können wir alle Gefühle und Regungen wie Trauer oder Freude ablesen und mit etwas Übung auch transformieren, ohne dass ein Wort gesprochen werden muss.

Dieses Buch soll dir also vor allem in kurzer und praxisnaher Form zeigen, wie wir mithilfe seelenschamanischer Methoden die Aura wahrnehmen können. Mit den Übungen in diesem Buch wirst du langsam immer offener für feinstoffliche Schwingungen werden, sodass du nach und nach bei Personen, die energetisch in ihrer Mitte sind, die Aura etwa 80 bis 120 Zentimeter um den Körper herum fühlen und wahrnehmen können wirst.

Bestimmt hast du auch schon davon gehört, dass sich die Aura in verschiedenen Farben zeigt. Man sieht auch manchmal in spirituellen Magazinen oder auf entsprechenden Webseiten sogenannte Aura-Fotos, die ebenfalls solche Farbschichten um den Körper herum abbilden.

Die Grundfarben der Auraschichten des Menschen sind meist Rot, Orange, Gelb, Grün, Blau, Violett und Weiß, wobei sich die Farben, je nach der momentanen seelischen oder energetischen Verfassung der Person, auch vermischen können. Jede Farbkomposition aber erstrahlt sehr kräftig.

Da die Aura aus einem elektromagnetischen Feld besteht und den Einflüssen ihres Umfeldes unterliegt, verändern sich diese Farben jedoch in Bruchteilen von Sekunden. So ist ein Aura-Foto immer nur eine Momentaufnahme, die lediglich etwas über den seelischen Zustand des Klienten in eben dieser Sekunde des Fotografierens aussagt, und nicht etwa als Grundaussage über das generelle Befinden oder den generellen Energiehaushalt verstanden werden darf. Schließlich können Ärger und Zorn so rasch verschwinden wie ein Glücksmoment, der durch ein Lächeln oder ein freundliches Wort hervorgerufen wurde. Aus diesem Grund sind nicht die Farben für den Schamanen von Bedeutung, sondern vielmehr die Schwingung der Aura. Deshalb geht es in diesem Buch auch nicht nur um das Sehen, sondern auch um das Fühlen und das intuitive Wahrnehmen.

Darüber hinaus steht die Aura in unmittelbarem Kontakt zu den Chakren, insbesondere zum ersten, dritten und fünften Chakra, durch deren Drehung wir die emotionalen Energien, die auf uns einwirken, am intensivsten wahrnehmen. Das erste Chakra wird dem physischen Körper zugeordnet, das dritte Chakra dem mentalen Körper, das fünfte Chakra dem Ätherkörper. Jedes Chakra verfügt über ein eigenes elektromagnetisches Feld, was Auswirkungen auf die Aura hat und dem Schamanen ein klares Bild von Energieblockaden, Gesundheits- und Seelenzuständen vermitteln kann.

Doch schauen wir uns, bevor wir mit dem praktischen Teil der Wahrnehmung beginnen, zuerst einmal kurz die verschiedenen Schichten der Aura an.

Die Aura und ihre Schichten

Die Aura des Menschen besteht aus sieben verschiedenen Energieschichten. Man kann diese auch als »Körper« bezeichnen, wobei jede einzelne Schicht (Körper) eine besondere Aufgabe erfüllt.

Die Aura schützt uns vor negativen Einflüssen, sorgt aber auch dafür, dass positive Einflüsse auf uns einwirken können und in Verbindung mit den Chakren kosmische Energie aufgenommen werden kann.* Der Schamane geht davon aus, dass die Aura und das Chakrasystem untrennbar miteinander in Beziehung stehen und sich gegenseitig ergänzen.

Die Aura ist in ihrer Gesamtheit ein Spiegelbild des energetischen Zustandes unserer Seele. Nur wer sich im Zustand von innerem Frieden befindet, wer ausgeglichen und in Harmonie ist, hat eine strahlende und kraftvolle Aura.

Da sich die Aura, bedingt durch die jeweiligen energetischen Einflüsse aus dem Umfeld, in jeder Sekunde verändert, vermischen und durchdringen sich auch die einzelnen Schichten der Aura, sodass es oft schwer zu erkennen ist, wo genau die eine Schicht aufhört und die andere beginnt. Wenn man die Aura

---

* Vgl. hierzu mein Buch *Chakren fühlen, ausgleichen und anregen*, Schirner 2013, in dem ich mehr zum Thema kosmische Energie sage.

intuitiv wahrnehmen kann, spielt das jedoch keine so entscheidende Rolle, denn es geht ja vor allem darum, Blockaden und Verletzungen innerhalb der Aura zu identifizieren, zu deuten und aufzulösen. Generell kann man sagen, dass die ersten vier Schichten wahrnehmbar sind, bei den äußeren drei Schichten wird es dann immer schwieriger – einfach deshalb, weil diese immer feinstofflicher werden.

Die erste Schicht (Der Nahrungskörper)

Die erste Schicht der Aura ist unserem Körper am ähnlichsten. In ihr erkennen wir lebensbedrohliche organische Krankheiten und die energetischen Folgen physischer Verletzungen. Der Nahrungskörper wird dem ersten Chakra zugeordnet. Die Farbe Rot ist seine häufigste Erscheinungsform.

Neben den organischen Krankheiten, die wir an ihm erkennen, setzt sich dort auch jede Art seelischer Gifte fest. Negative, verletzende Gedanken, ausgesprochene oder auch nonverbale Flüche und Verwünschungen, kurzum: Alle energetischen Angriffe lagern sich in dieser Schicht ab, da sie, in Bezug auf ihre Ausstrahlung, unserem physischen Körper am ähnlichsten ist.

Vergessen wir aber nicht, dass sich in dieser ersten Schicht auch unsere Lebenskraft, unser Wille zur Selbsterhaltung und die Stärke unseres Urvertrauens wiederspiegeln.

Die zweite Schicht (Der Vitalkörper)

Die zweite Schicht wird dem zweiten Chakra zugeordnet. Diese Schicht zeigt die Funktion oder Dysfunktion grober Prozesse wie Kreislauf, Temperaturregelung, Atmung, Stress und hormonelle Abläufe. Der Vitalkörper zeigt sich vorwiegend in der Farbe Orange. Hier lagern energetische Blockaden, die durch äußere Einflüsse entstanden sind: Stress in all seinen Variationen und der Bandbreite seiner Anlässe wie Arbeitsdruck, Zeitmangel, selbst auferlegte Erwartungen, mangelndes Selbstwertgefühl, physische und seelische Verletzungen.

Körperbewusstsein und Vitalität entsprechen nach außen hin dem, was und wie wir empfinden, und setzen sich dementsprechend als energetische Blockaden ab. Kummer und Leid, die wir unausgesprochen in uns tragen, quälende Gedanken, die wir nicht preisgeben wollen, all das hält unser Vitalkörper gefangen. Oft machen sich diese Blockaden körperlich als Unterleibs- bzw. Prostatabeschwerden bemerkbar. Eine Abgrenzung zur ersten Schicht, dem Nahrungskörper, ist sehr schwierig – diese beiden Schichten vermischen sich stark und sind manchmal auch für einen geübten Schamanen oder Aurasichtigen kaum zu unterscheiden. Bei beiden besteht auch eine enge Verbindung zu Wertigkeitsthemen.

Die dritte Schicht (Der Geistkörper)

Vegetative, nervliche und hormonelle, unbewusste Vorgänge, aber auch Hören, Riechen, Schmecken und Tasten werden der dritten Auraschicht, dem Geistkörper, zugeordnet. Ihr Pendant ist das dritte Chakra, das sich vorwiegend in der Farbe Gelb zeigt. Dort kann man sämtliche energetischen Blockaden wahrnehmen, die sich im Bereich des Magen-Darm-Traktes festsetzen. Alles, was wir seelisch nicht verdaut haben, sorgt hier für sehr starke emotionale Blockaden.

Wünsche und Wunschgedanken, die wir uns aufgrund von Verboten und Zurechtweisungen in frühester Kindheit nicht zugestehen, geschweige denn erfüllen, finden hier ihren Widerhall. Diese nicht zu kontrollierenden Energien können sehr starke Blockaden erzeugen.

Der Geistkörper vermischt sich stark mit der nächsten Schicht, dem sogenannten Wissenskörper.

Die vierte Schicht (Der Wissenskörper)

Die vierte Schicht, der Wissenskörper, eröffnet uns Gedanken von geistiger Klarheit, einerseits aus unserer tiefen Intuition, andererseits aus unserem freien Willen stammend. Er zeigt sich in der Farbe Grün und steht in direkter Verbindung mit dem Herzchakra, mit der Liebe im Herzen, der Seele, die alles weiß und alles fühlt. Vielleicht wundert dich diese Farbe, denn in unserem alltäglichen Sprachgebrauch verbinden wir ja üblicherweise die Farbe Rot mit dem Herzen und den romantischen Gefühlen, die dort ihren Ort haben. Diese Farbassoziation ist jedoch nur eine gesellschaftliche Norm, während der Schamane auf die Farben der Natur zurückgreift. Für ihn ist Grün die Farbe der Liebe, da ihm im Frühling, wenn das Leben nach dem Winter in die Welt zurückkehrt, das Herz aufgeht. Hier blüht das Leben, und je heller das Grün, desto mehr Freude drückt sich aus.

Zurückgewiesene oder enttäuschte Liebe, Herzschmerz, alle nicht erfüllten emotionalen Erwartungen, die unser Selbstwertgefühl zutiefst verletzen, ziehen uns in ein seelisches Tief, in Trauer und manchmal sogar in Wut. So können energetisch in dieser vierten Schicht emotionale Blockaden entstehen.

Die fünfte Schicht (Die kausale Hülle)

Die fünfte Schicht, die kausale Hülle, ist Teil der äußersten sichtbaren Schicht, die sich aus der fünften, sechsten und siebten Auraschicht zusammensetzt. Diese werden oft auch zusammenfassend »geistige Schicht« genannt, weil sie für die meisten Menschen schwer auseinanderzuhalten sind. Sehr geübte Aura-Sichtige können jedoch feine Unterschiede erkennen oder erspüren.

Die fünfte Schicht ist die Verbindung zu den wahren Ursprüngen, steht in Verbindung zum Halschakra und zeigt sich in der Farbe Blau.

In dieser Schicht der Aura finden wir alle Energieblockaden, die mit Kommunikation, sowohl auf geistiger und verbaler Ebene als auch auf körperlicher Ebene, zu tun haben. Verletzende Äußerungen, die das Selbstwertgefühl erschüttern, hinterlassen hier ihre Spuren.

Vielleicht haben wir in unserer Kindheit oder frühen Jugend diese oder ähnliche Sätze gehört: »Lass das gefälligst sein!«, »Du kannst das nicht!«, »Dafür bist du zu blöd!«, »Du hast keine Ahnung, wie das geht!«, »Sei endlich still, und halt den Mund!«

Die Liste solcher Aussagen ließe sich beliebig fortsetzen. Zurechtweisungen und Verbote, die sich so in unserem Unterbewusstsein – sowohl im Vertrautheitsgedächtnis aus diesem Leben als auch im schattenhaften Unbewussten, das aus Erfahrungen vergangener Inkarnationen gespeist wird – eingeprägt haben, können in der kausalen Hülle starke Veränderungen erfahren: Sie wandeln sich von bloßen Worten, die in unsere Gedanken eingesunken sind, zu Empfindungen, die sich negativ auf unser ganzes Leben auswirken können.

Die sechste Schicht (Die Seelen-Hülle)

Diese Schicht stellt die Verbindung der individuellen Seele zum göttlichen Ursprung her, dem Urgrund allen Seins. Die Seelenhülle, die dem sechsten Chakra oder auch dem Dritten Auge zugeordnet wird, zeigt sich in der Farbe Violett. Über sie gelangen wir zum Schöpferischen, zu unserer Vorstellungskraft aus dem Unterbewusstsein, hier entwickelt sich die geistige Intuition so weit, dass wir mit dem Dritten Auge sehen und erkennen lernen.

Blockaden in dieser Schicht entstehen vorwiegend durch Probleme mit dem Selbstwertgefühl. Wenn ich kein Vertrauen mehr zu mir selbst und zu meinem Unterbewusstsein habe, wenn ich verlernt habe, meinem Bauchgefühl zu vertrauen, und zulasse, dass äußere Einflüsse mich blockieren, dann zeigen sich in dieser Schicht energetische Hindernisse.

Die siebte Schicht (Die Göttliches-Selbst-Hülle)

Die siebte Schicht wird dem siebten Chakra zugeordnet und zeigt sich vorwiegend in der Farbe Weiß. Sie ist für die spirituelle Ausrichtung zuständig, aber auch für spirituelle Probleme. Sie entspricht der Anbindung an die Geistige Welt.

Im Bereich der siebten Schicht stoßen wir vorwiegend auf Blockaden, die mit unserem Glauben, unserer Erziehung und unserer Einstellung zu Religion und Spiritualität zu tun haben. Hier geht es um das Vertrauen zu unserem eigenen Weg, zu den eigenen Überzeugungen und zu den eigenen Gefühlen, denen wir folgen sollten. Hier zeigt es sich, dass es unabdingbar ist, nach der eigenen Intuition, dem eigenen Bauchgefühl zu leben. Wenn wir dies nicht tun, zeigen sich in dieser Schicht früher oder später

Blockaden, die unsere Anbindung »nach oben« stören oder gänzlich verhindern.

Oft wird diese Schicht von unseren Gedanken überlagert, von Ideen und Konzepten, die wir von unseren Eltern, Lehrern und von der Gesellschaft im Allgemeinen übernehmen. Diese Gedanken schützen uns auf der einen Seite vor Unsicherheiten, wenn wir uns an die gesellschaftlich akzeptierten Welterklärungen halten. Doch gleichzeitig halten sie uns von dem eigenen Entdecken einer viel tieferen Wahrheit fern, die man nicht so ohne Weiteres in Worte fassen kann und die viel zu frei und beweglich ist, als dass sie je zu einer gesellschaftlich weit verbreiteten Weltsicht werden könnte.

Diese Gedanken, die uns geradezu eingeimpft werden, wirken in etwa so wie ein Schirm: Der Regen wird abgehalten, und man bleibt schön trocken, jedoch wird man auch nicht von lebensspendender Frische berührt. Unsere geistige Öffnung besteht zu großen Teilen darin, diesen Schirm wegzuwerfen und uns zu trauen, nass zu werden, mitten im Abenteuer des Lebens zu stehen.

Je mehr wir uns von Gedanken befreien können, die nicht ursprünglich zu uns gehören, desto mehr erfahren wir unser eigentliches Leben.

Die Aura wahrnehmen

Wir alle spüren tagtäglich die Wirkung der Aurafelder anderer Erdenbewohner. Wir bewegen uns zwischen den Energiefeldern von Pflanzen, Tieren und vor allem von anderen Menschen. Wir spüren sie, ohne sie wirklich bewusst wahrzunehmen oder gar zu erkennen.

Wer kennt nicht das Gefühl, sei es im Bus oder in der Warteschlange im Supermarkt, dass ihm jemand zu nahe kommt? Irgendjemand scheint dir »auf den Pelz zu rücken«, obwohl dein Sitznachbar oder der Mensch, der hinter dir in der Kassenschlange steht, einen gehörigen Abstand wahrt.

In solchen Momenten hast du unbewusst Kontakt mit dem Aurafeld eines anderen Menschen aufgenommen. Du hast seine Aura gespürt, seine Energie wahrgenommen. Diese »Berührung« kann lästig sein oder auch angenehm. Eigentümlich ist sie immer.

Bei Großveranstaltungen kann dir die enorme Menschenmenge Unwohlsein bereiten. Die Energie, die in dieser Enge zusammengepfercht ist, scheint dich erdrücken zu wollen, und du würdest am liebsten fliehen. Zu viele verschiedene und oft wirre Energien – bei solchen Veranstaltungen oft auch durch zu viel Alkohol bedingt – strömen auf dich ein.

Es kann jedoch auch Momente geben, in denen du dich umringt von vielen Energiefeldern sehr wohlfühlst, weil die Menschen, die dich umgeben, vielleicht sehr harmonisch miteinander umgehen. Bei einem Konzert kann die Musik harmonisierend wirken und die Menschen in ihre Mitte führen, sodass auch ihre ausgestrahlte Energie dieses Gefühl transportiert und dich mit einer Form von Liebe verbindet, die auch deine eigene Aura beruhigt.

Ein weiteres Beispiel für diese unbewusste Wahrnehmung der Aura ist der sogenannte sechste Sinn. Manchmal fühlst du vielleicht, wie dich jemand beobachtet, der einige Meter hinter dir steht. Du kannst denjenigen nicht sehen, aber du spürst ganz genau, dass du beobachtet wirst.

Ebenso kannst du vielleicht die Energiefelder von anderen Wesen wahrnehmen: sich versteckende Tiere oder auch verirrte Seelen, die nicht ins Licht gegangen sind und noch ziellos und verwirrt auf der Erde umherstreifen.

All diese Energien berühren deine Aura und machen so auf sich aufmerksam.

Unbewusst nimmt wohl jeder täglich die Aura anderer Menschen bzw. anderer Wesen wahr. Meist jedoch nur unbewusst, sodass wir uns fragen, was für ein seltsames Gefühl das eben war …, bevor wir einmal kurz den Kopf schütteln und unserem Alltagsbewusstsein wieder die volle Aufmerksamkeit schenken.

Unser Ziel ist es, die Aura anderer Wesen bewusst zu erfahren, sie intuitiv zu fühlen, intuitiv zu sehen, intuitiv wahrzunehmen. Die folgenden Übungen sollen dir dabei helfen, diese Fähigkeit, über die wir alle verfügen, zu entdecken und bewusst zu vertiefen. So wirst du dich wie die Schamanen auf das Energiefeld von Mutter Erde einschwingen, um dich dadurch in einen Zustand zu versetzen, der es dir ermöglicht, die Energiefelder anderer wahrzunehmen. Mit dieser Fähigkeit kannst du jederzeit, ob am hellen Tage oder in stockfinsterer Nacht, die Aura anderer Wesen wahrnehmen.

Ein großes Hindernis – und manchmal auch eine große Gefahr – bei dieser Arbeit liegt darin, dass Menschen recht häufig dazu neigen, die sich darbietende Wirklichkeit mit ihren bereits vorhandenen Vorstellungen, Ideen und Konzepten zu verwechseln. Doch je ungefilterter du wahrnehmen kannst, desto klarer wird das Bild sein, das sich dir zeigt. Deshalb ist es in der seelenschamanischen Arbeit unumgänglich, deinen Geist möglichst rein zu halten. Das kann man auf der körperlichen Seite durch eine gesunde und ausgewogene Ernährung und durch ausreichend Bewegung an der frischen Luft erreichen, auf der mentalen Seite durch eine Schulung des Geistes mithilfe von regelmäßiger Meditation. Du musst vielleicht nicht jeden Tag meditieren (obwohl das bestimmt nicht das Schlechteste wäre), doch solltest du dir zumindest vor jeder Sitzung, vor jedem Versuch, die Aura oder andere Energiefelder wahrzunehmen, ein paar Minuten gönnen, um deinen Geist zu beruhigen und ihn von bereits vorhandenen Bildern zu befreien. Du kannst verschiedene Techniken der Fokussierung, des Loslassens oder der Konzentration auf den Atem anwenden – das Ziel all dieser Techniken ist jedoch gleich: Du fährst die intellektuelle Tätigkeit deines Geistes bewusst zurück und bringst seine grübelnde, Bilder erzeugende Funktion immer mehr zum Stillstand. Meditation hilft dir sozusagen, die Tafel deines Geistes gründlich abzuwischen, sodass sich die Bilder, die in deiner Sitzung auftauchen, ungestört zeigen können. Du wirst im wahrsten Sinne des Wortes »gedankenlos«.

Hier ist eine sehr einfache Übung, die dir bei diesem Prozess helfen kann.

Übung 2: Den Geist mithilfe des Atems beruhigen

Nimm dir ein paar Minuten Zeit, setze oder lege dich bequem auf den Boden oder auf ein Meditationskissen (wenn das Wetter es zulässt, machst du diese Übung am besten in der freien Natur), spüre die Erde unter dir, und schließe deine Augen. Werde dir deines Atems bewusst. Achte darauf, wie der Atem kommt und geht, wie es dich atmet, ein und aus, ein und aus. Suche dir einen Punkt, an dem du den Atem besonders gut spüren kannst. Das kann deine Nase sein, deine Kehle oder auch deine Brust oder dein Bauch. Konzentriere dich auf einen Bereich, und spüre nach, wie der Atem dich an dieser Stelle berührt. Achte z.B. auf den kühlen Hauch, der in deiner Nase spürbar ist, oder auf das Heben und Senken deiner Brust oder deiner Bauchdecke.

Versuche nicht, den Atem zu beeinflussen, sondern beobachte ihn nur achtsam.

Mache diese Übung etwa fünf Minuten lang, und öffne dann langsam deine Augen. Du wirst überrascht sein, was solch eine kleine Übung für Wirkungen zeitigen kann.

Wenn dein Geist so vorbereitet ist, kannst du dich daranmachen, mit Energie zu arbeiten. Nachfolgend eine Übung, die deine Sensitivität steigert, sodass es mit der Zeit für dich immer selbstverständlicher wird, unsichtbare Energien wahrzunehmen.

Übung 3:
Einen Energieball formen

Stelle dich aufrecht hin, finde einen sicheren Stand, spüre die Erde unter und den Himmel über dir. Wenn du nun deine Hände zu je einer Halbschale formst und versuchst, diese zusammenzufügen, wirst du spüren, dass zwischen deinen Händen ein Widerstand existiert. Es ist, als würdest du einen unsichtbaren Ball in den Händen halten. Erspüre diesen Energieball intensiv. Erspüre das Gefühl in deinen Handflächen, das er verursacht. Breitet sich eine gewisse Wärme aus? Prickelt es in deinen Händen?

Je länger und öfter du das praktizierst, desto deutlicher wird der Widerstand zwischen deinen Händen werden. In Wirklichkeit aber verändert sich nichts, allein deine Wahrnehmung ist sensibler geworden. Du hast dich deiner Intuition, deinem Bauchgefühl anvertraut. Und dadurch hast du ganz intensiv Prana, die kosmische Energie, wahrgenommen.

Wenn du die Übungen 2 und 3 regelmäßig machst, wirst du deinen ganzen Wahrnehmungsapparat – und damit meine ich weitaus mehr als deine üblichen fünf Sinne – öffnen und reinigen. So kannst du immer mehr Zutrauen zu dir selbst und deinen Empfindungen in der seelenschamanischen Arbeit gewinnen. Je mehr Erfahrung du sammelst, desto sicherer und bestimmter wird deine Arbeit werden. Zweifel, ob das, was du wahrnimmst, real ist, werden zunehmend in den Hintergrund treten, da immer weniger Ego in die Arbeit hineinspielt, sondern du vielmehr zu einem Werkzeug wirst, das das Wahrgenommene ohne irgendwelche selbst gemachten und erdachten Zusätze widerspiegelt.

Dein Denken tritt zugunsten deiner Intuition zurück.

Doch nun wollen wir uns ganz praktisch der Aura zuwenden. Damit du erste Erfahrungen machen kannst, möchte ich dir hier eine weitere Übung vorstellen, mit der du selbst ein wenig experimentieren solltest, bevor du weiterliest.

Übung 4:
Intuitives Fühlen der Aura

Diese Übung ist eine Partnerübung. Du stellst dich hinter deinen Partner und legst deine rechte Hand an seine Hüfte, denn im Hüftbereich ist die energetische Ausstrahlung am stärksten spürbar.

Deine gedankliche Ausrichtung gilt nun dem Erfühlen der einzelnen Auraschichten. Deine Konzentration, deine Intuition, die Signale aus deinem Unterbewusstsein, liegen nun ganz bei der ersten Auraschicht.

Führe nun deinen Arm, der zuvor die Hüfte deines Übungspartners berührt hat, ca. 10 bis 20 Zentimeter weg vom Körper. In dem Moment, in dem sich deine Hand nicht mehr bewegt, bist du am Rand der ersten Auraschicht angelangt. Vertraue darauf, dass deine Hand automatisch durch dein Unterbewusstsein gestoppt wird.

Um deinem Unterbewusstsein eine Bestätigung deiner Intuition zu vermitteln, bewegst du jetzt deine Hand im Bereich von 1 bis zu 2 Zentimetern zum Körper hin und wieder vom Körper weg. Erfühle den energetischen Widerstand an dieser ersten »Grenze«.

Durch diese Bewegung, dieses Ertasten, lernt dein Unterbewusstsein auf ganz natürliche Weise, wie man die einzelnen Auraschichten unterscheidet.

Gleichzeitig setzt du damit ein Signal für dein Unterbewusstsein und bestätigst ihm die Richtigkeit seines Erkennens. Auf die gleiche

Weise kannst du nun Schicht für Schicht fortfahren. Erst ertasten, spüren, dann die Hand an der Grenze der jeweiligen Auraschicht hin und her bewegen, um weiter nachzuspüren.

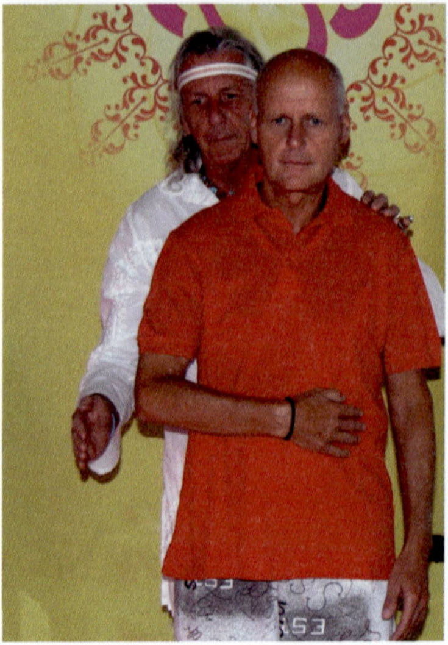

Versuche bitte bei allen Übungen, deinen Verstand »abzuschalten«, und denke nicht darüber nach, ob das, was du soeben erfahren hast, real sein kann oder nicht. Vertraue einfach deinem Unterbewusstsein. Es ist intelligenter, als du glaubst, und regelt alles ganz von allein.

Die Aura sehen lernen

Nachdem wir die Aura intuitiv erfühlt haben, werden wir uns nun dem eigentlichen Sehen zuwenden. Dieses Sehen geschieht einerseits über unsere physischen Augen, andererseits über unser Drittes Auge.

Doch was genau sehen wir eigentlich? Was wird als Blockade erkennbar?

Was auch der Wissenschaft immer stärker bewusst wird, haben Menschen, die einen wirklich spirituellen Weg gehen, schon vor langer Zeit erkannt: Alles in dieser Welt ist Schwingung!

Beständig treffen die Schwingungen des Kosmos auf unser Energiefeld, auf unsere eigene Schwingung, und werden teils aufgenommen, teils zurückgeworfen. Wenn wir entspannt sind, uns wohlfühlen und in unserer Mitte ruhen, ist unser Energiefeld ebenfalls ruhig und wirft die Schwingungen klar und unverstellt zurück, wie ein ruhiger See den Mond spiegelt.

Wenn wir jedoch aufgewühlt sind, gestresst und an alten seelischen oder körperlichen Verletzungen leiden, ist auch unser Energiefeld unruhig, und die Schwingungen werden gebrochen. Es entsteht dann kein klares und harmonisches Bild, sondern eine entsprechende Verzerrung, ganz so, wie das Spiegelbild des Mondes verzerrt ist, wenn ein starker Wind den See aufpeitscht.

Du kannst dir das ebenfalls gut klarmachen, wenn du einmal deine Hand horizontal vor dein Gesicht hältst und leicht über deinen Handrücken pustest. Die Luft gleitet ohne großen Widerstand über deine Hand hinweg – die Luft bewegt sich harmonisch. Wenn du deine Hand nun vertikal hältst und frontal gegen sie pustest, kann die Luft nicht harmonisch fließen, sondern wird an dem Hindernis (deiner Hand) verwirbelt. Hier entsteht also ein Widerstand, und die Schwingung der Luft wird verzerrt.

Welches Bild man auch immer benutzt, um sich den Sachverhalt klarzumachen: Diese Verzerrungen und Verwirbelungen in unserer Aura sind die Blockaden, die uns oft schon seit unserer Kindheit begleiten. Hier fließt die Energie nicht harmonisch, sondern wird gestört. Diese Hindernisse stellen sich für denjenigen, der gelernt hat, die Aura zu sehen, als dunkle Flecken dar. All die harschen Worte von wichtigen Bezugspersonen, alle Verletzungen in vergangenen oder bestehenden Partnerschaften, alle Selbstverurteilungen, alle Selbstzweifel und unzählige weitere negative Gefühle sind als solche dunklen Flecken in unserer Aura erkennbar.

Beginnen wir zunächst damit, unser Drittes Auge zu schulen, um diese Hindernisse wahrzunehmen.

Übung 5:
Das Dritte Auge schulen

Bei dieser Übung erlernst du das intuitive Sehen der Aura. Dazu benötigst du wieder einen Übungspartner, der sich etwa drei bis vier Meter vor dich hinstellt.

Erde dich, verwurzele dich ganz in Mutter Erde, und öffne deinen Geist. Richte deine ganze Konzentration und Aufmerksamkeit auf das Energiefeld deines Gegenübers. Fokussiere dich vor allem auf das fünfte Chakra deines Partners, das Kehl- oder Halschakra, das im Seelenschamanismus auch als das Kommunikationschakra bezeichnet wird. Das Energiefeld deines Partners wird nun deinem Energiefeld Informationen in Form von Schwingungen zukommen lassen. Hier wirkt ein Energiefeld auf das andere, und es wird eine bestimmte Wirkung auf dein Schwingungsfeld erzeugt.

Wenn du nun deine Augen schließt, wirst du das Energiefeld deines Partners mit dei-

nem Dritten Auge wahrnehmen. Die Dauer dieser Übung sollte zu Beginn zwei Minuten nicht übersteigen. Mit etwas Übung wird es dir gelingen, diese Wahrnehmung über eine längere Zeitspanne zu fokussieren, sodass du Blockaden im Energiefeld deine Gegenübers als dunkle Flecken erkennen kannst.

Um die Aura mit unseren physischen Augen wahrnehmen zu können, müssen wir eine neue Art des Sehens erlernen. Unsere Augen müssen für einen Bereich sensibler werden, den wir in unserem Alltagsbewusstsein meistens ausblenden.

Unsere physischen Sinne sind großartig, und sie vermitteln uns ein Bild dieser Welt, das gemeinhin funktioniert. Jedoch wissen wir auch, dass wir nur einen kleinen Bereich, einen Ausschnitt der Welt wahrnehmen können. Die Natur ist auf Funktionalität ausgelegt, und alle Wesen verfügen über die Sensorik, die sie zum Überleben benötigen. Da die wenigsten Menschen dazu neigen, sich durch nächtliche Jagd auf Mücken und andere Insekten zu ernähren, brauchen wir keine Ultraschallortung, wie sie zum Beispiel Fledermäuse haben. Da wir uns anhand unserer Gesichter gegenseitig identifizieren und uns verbal verständigen, brauchen wir kein Riechvermögen wie ein Hund, der die benötigten Informationen bekommt, wenn er anderen vierbeinigen Freunden am Hintern herumschnüffelt.

Mithilfe unserer Wissenschaft und entsprechender technologischer Gerätschaften können wir erkennen, dass es Bereiche gibt, die uns im normalen Alltag verborgen bleiben, die aber dennoch existieren. Hätten wir feinere, ausgeprägtere Sinne, könnten wir sie auch ohne technische Hilfe wahrnehmen.

Schamanismus war seit jeher eine Kunst, die Sinne zu erweitern und in Bereiche vorzudringen, die uns ansonsten verschlossen sind. Schamanisch sehen zu lernen bedeutet also, die eigenen Sinne zu verfeinern und weiterzuentwickeln.

Um die Fähigkeiten unserer physischen Augen zu erweitern, stelle ich dir nachfolgend ein paar kleine Übungen vor, die du allein durchführen kannst, bei denen du jedoch darauf achten solltest, dass du sie nicht länger als fünf Minuten pro Tag praktizierst, da sie sehr anstrengend für deine Augen sind und diese, wenn du es übertreibst, Schaden erleiden können.

Übung 6: Die Spirale

Besorge dir ein weißes Stück Karton in der Größe von etwa 30 mal 30 Zentimetern, und male in die Mitte eine Spirale, wie du sie in der nebenstehenden Abbildung sehen kannst. Setze dich in einem Abstand von ungefähr einem Meter vor den Karton, den du auf Augenhöhe angebracht oder hingestellt hast.

Fokussiere die Mitte der Spirale, und stelle dir vor, diese Spirale wäre ein Berg, auf dem du stehst. Jetzt laufe in Gedanken im Kreis diesen Berg hinab, folge der Spur der Spirale abwärts. Bei dieser Betrachtungsweise entsteht optisch ein Kegel, d. h., die Spirale sieht aus, als würde sie aus dem Karton hervorragen. Es ist wichtig, dass du beim Betrachten der Spirale in der Lage bist, durch das Spiel deiner Augen in Sekundenschnelle einen Kegel entstehen zu lassen, dann wegzusehen und im nächsten Moment wieder Augenkontakt aufzunehmen, um den Kegel nun sofort zu sehen.

Danach stellst du dir vor, die Spirale wäre ein Trichter, an dessen Rand du stehst. Jetzt laufe in Gedanken in diesen Trichter hinein. Bei dieser Betrachtungsweise scheint es, als würde die Spirale in den Karton hineinragen. Auch hier ist es wichtig, bei immer wieder neuem Augenkontakt sofort einen Trichter entstehen zu lassen.

Sinn dieser Übung ist es, die Spirale hin- und herzubewegen, sodass einmal ein Trichter und ein anderes Mal ein Kegel entsteht, ohne dass du dich darauf konzentrieren müsstest. Mit ein wenig Übung wird es ganz leicht, zwischen diesen zwei Betrachtungsweisen zu wechseln. Durch diese Übung wird dein Unterbewusstsein darauf vorbereitet, Veränderungen im Energiefeld der Aura in Bruchteilen von Sekunden wahrzunehmen.

Die nächste Übung dient ebenfalls der erweiterten Wahrnehmung, allerdings diesmal auf Farben bezogen.

Übung 7: Das Spiel mit den Farbpunkten

Besorge dir wieder einen Karton wie in Übung 6, und male in die Mitte einen Farbpunkt in Gelb, Rot, Grün oder Blau. (Nach und nach solltest du mit allen Farben üben, aber es ist gleichgültig, mit welcher Farbe du beginnst.)

Setze dich wieder etwa einen Meter vor den Karton, und betrachte den Punkt mit einem »verschwommenen« Blick. Das heißt im Klartext: Du kneifst ganz einfach deine Augen ein wenig zusammen!

Fokussiere ohne jede Erwartung den Farbpunkt. Nach kurzer Betrachtung wird sich plötzlich ein weiterer Punkt in einer anderen Farbe – der Komplementärfarbe des ersten Punktes – zeigen, der sich um diesen ersten Punkt herumzudrehen beginnt.

Sollte das zunächst nicht geschehen, fokussiere mit klaren, also normal geöffneten Augen den Farbpunkt, und kreise mit deinen Augen nun fünf Mal nach rechts und danach fünf Mal nach links. Betrachte den Punkt dann wieder mit leicht zugekniffenen Augen, und lasse dich überraschen!

Die Komplementärfarben sind übrigens folgende:

Gelb ↔ Violett
Rot ↔ Grün
Blau ↔ Orange

Wenn du deine Augen weiter in der Fähigkeit schulen möchtest, Bilder wahrzunehmen, die jenseits unserer alltäglichen Wahrnehmung liegen, gibt es noch weitere, sehr einfache Übungen. Es gibt jede Menge optische Täuschungen, die du in entsprechenden Büchern oder auch im Internet finden kannst. Ein sehr bekanntes Beispiel ist das hier gezeigte Bild, bei dem man je nach Betrachtungsweise entweder eine alte oder eine junge Frau sieht.

»Meine Frau und meine Schwiegermutter« © William Ely Hill

Auch hier kannst du trainieren, zwischen den verschiedenen Betrachtungsweisen hin- und herzuwechseln.

Eine weitere Möglichkeit sind die Bücher, die sich »Das magische Auge« nennen. Hier sieht man zunächst nur bunte Farbflächen, bis man loslässt, das Auge sich auf eine bestimmte Art entspannt und man das in den Farbflächen verborgene Bild erkennen kann. Auch diese Bilder eignen sich dazu, das Auge auf außergewöhnliche Wahrnehmungen vorzubereiten. Probiere einfach ein bisschen herum, aber denke dabei bitte stets an meine Warnung, diese Übungen nicht zu übertreiben!

Eine Übung, die du ohne jedes Hilfsmittel draußen in der Natur machen kannst, ist die folgende.

Übung 8: Das Energiefeld eines Baumes

Setze dich ganz entspannt etwa zwanzig bis dreißig Meter vor einen frei stehenden Baum. Bringe dich nun mit einigen tiefen Atemzügen in eine ruhige und gelassene Schwingung. Atme mehrmals tief ein und tief aus, und richte deine innere Aufmerksam-

keit auf dein Vorhaben, die Aura des Baumstammes zu sehen. (Eine kleine Anmerkung: Wenn du oft die Übung 1 machst, um dich mithilfe deines Atems zu zentrieren, wird es dir immer leichter fallen, dich auch mit ein paar wenigen Atemzügen zur Ruhe zu bringen. Dein Körper und dein Geist verknüpfen Achtsamkeit auf den Atem nach einiger Zeit mit tiefer Ruhe.)

Schließe deine Augen, und konzentriere dich ausschließlich auf den Baumstamm. Öffne nun deine Augen ein wenig, und beobachte mit leicht zugekniffenen Augen den Baumstamm. Versuche dabei nicht, den Baumstamm zu fixieren, sondern lasse deinen Blick locker sein.

Zuerst wirst du um den Baumstamm herum eine helle oder weiße, etwa 1 bis 2 Zentimeter starke Schicht wahrnehmen. Diese Schicht ist die reine Energieschwingung des physischen Stammes.

Nach kurzer Zeit erkennst du eine weitere Schicht, etwa 10 bis 20 Zentimeter stark, in einem hellen Blau: Dies ist die wirkliche Aura des Baumstammes. Sollte der Baumstamm gesund sein, so wirst du auf der ganzen Län-

ge des Stammes die Aura in gleichbleibender Stärke wahrnehmen.

Versuche es, und gib nicht gleich auf, wenn es nicht sofort gelingt.

Wenn du in gleicher Weise aus einiger Entfernung ein Waldstück betrachtest, wirst du über den Baumwipfeln ein etwa 1,5 Meter starkes, weiß und hellblau schimmerndes Energiefeld wahrnehmen. Normalerweise ist dieses Feld sehr regelmäßig geformt. Dort, wo dieses Feld dünner erscheint oder sehr dunkel ist, kannst du davon ausgehen, dass die Bäume, die an dieser Stelle stehen, krank sind.

Wenn du die Übungen 5 bis 8 oft genug durchgeführt und dir zwischendurch auch immer genug Ruhe gegönnt hast, um deine Augen zu erholen, ist es nun für dich an der Zeit, mit der Aura eines Menschen zu üben und dort immer feinere Unterschiede zu erkennen. Dazu dient die nächste Übung.

Übung 9:
Intuitives Fühlen und Sehen der Aura

In der Übung 4 hast du gelernt, die einzelnen Auraschichten zu fühlen.

Diese Partnerübung ist ganz ähnlich, doch richtest du hier deinen Geist zusätzlich zum Erfühlen der Aura auch auf das Sehen aus. Auch bei dieser Übung beginnst du wieder damit, dass du eine Hand auf den Körper im Hüftbereich des Partners legst, weil, wie bereits erwähnt, in diesem Bereich die Energie am stärksten zu fühlen ist.

Du bewegst also deine Hand vom Körper weg und hältst bei jeder einzelnen Schicht inne. Dies geschieht etwa alle 10 bis 15 Zentimeter. Du wirst spüren, dass nach einigem Üben deine Hand ganz automatisch die betreffenden Auraschichten findet. Und bald wirst du auch erkennen, dass die einzelnen Schichten unterschiedlich stark sind.

Wenn du deinen Blick nun »weich« werden lässt, wirst du nach einiger Zeit die unterschiedlichen Schichten in ihren je eigenen Farben schimmern sehen können. Mit etwas Geduld und Ausdauer findest du die innere Ruhe und Bestätigung deiner Intuition, sodass du immer sicherer wirst, wenn es darum geht, zu erkennen, in welcher Schicht sich etwaige Blockaden befinden.

Alle vorangegangenen Übungen helfen dir dabei, deine Sehfähigkeiten in Bereiche hinein zu erweitern, die den meisten Menschen verborgen sind. Experimentiere eine Weile mit diesen Übungen, und du wirst feststellen, dass du weitaus mehr Dinge wahrnehmen kannst, als du bisher angenommen hattest.

Wenn du deine Intuition auf diese Weise immer weiter stärkst und ihr zunehmend Vertrauen schenkst, wirst du ein Gefühl für die Blockaden, die in der Aura gespeichert sind, entwickeln und bei ihrer Beseitigung helfen können.

Die Aura reinigen

Um eine Aura von Blockaden reinigen zu können und somit deinem Klienten echte Lebenshilfe zu bieten, ist es erforderlich, dass du alle sieben Schichten der Aura unterscheiden kannst. Der Schamane muss schließlich die Probleme, die sich feinstofflich in der Aura zeigen, erkennen, um die seelische Ursache hinter einem körperlichen Problem zu erfassen und positiv zu verändern.

Im nächsten Schritt wirst du nun erfahren, wie es dir gelingt, eine Aura zu reinigen. Dies geschieht durch eine Art Auseinanderstreichen der Aura. Energieblockaden, die sich in der Nähe von kranken oder belasteten Organen in der Form von Einbrüchen oder Ausbeulungen in der Aura gebildet haben, werden dadurch gelöst.

Dabei ist es absolut notwendig, dass du intuitiv und mit der ganzen Fülle deines Bewusstseins in den einzelnen Schichten der Aura präsent bist. Werde »gedankenlos«, und fokussiere dich völlig auf die Aura deines Gegenübers.

Eines muss dir absolut klar sein: Wo deine Gedanken sind, ist auch deine Energie!

Bevor du jedoch mit dem eigentlichen Reinigungsprozess beginnst, solltest du immer zunächst energetisch in der Geistigen Welt nachfragen, ob und, wenn ja, in welcher Schicht der Aura du arbeiten darfst.

Wie das vor sich geht? Ganz einfach!

Als Allererstes müssen immer der ausdrückliche Wunsch und eindeutige Auftrag eines Klienten erfolgen – niemals darf man jemanden ungefragt behandeln, auch wenn man es noch so gut meint. Die Person, die von dir behandelt werden möchte und mit der du energetisch arbeiten möchtest, nennt dir ihren Vornamen und ihr Geburtsdatum. Nun konzentrierst du dich, schließt deine Augen und nimmst Kontakt zur Geistigen Welt auf, die du Folgendes fragst:

»Darf ich mit dieser Person arbeiten und ihre Aura reinigen? Falls ja, welche Schichten soll ich reinigen?«

In derselben Sekunde bekommt dein Unterbewusstsein die Antwort, die z. B. lauten könnte: »Ja, reinige Schicht eins und Schicht vier.«

Das Reinigen der einzelnen Schichten geschieht, indem du beim Kopf anfängst, das Energiefeld bis zu den Füßen auszustreichen, so, als würdest du einen Hund oder eine Katze streicheln. Denke daran, dass die Aura immer von oben nach unten mit den Händen ausgestrichen wird. Verlasse dich dabei auf dein Unterbewusstsein. Es wird deine Hände führen, ganz automatisch, und dir zeigen, wo genau du etwas ausstreichen musst, wo genau eine Blockade sitzt, die du auf diese Weise entfernen kannst.

Übung 10:
Die Aura eines Klienten ausstreichen

Forme deine Handflächen zu zwei Halbschalen, und führe sie über den Kopf deines Klienten. Beginne nun, die erste Schicht der Aura von oben nach unten, in einem Abstand von etwa 10 Zentimetern vom Körper, bis zu den Füßen auszustreichen.

Streiche die Aura immer deiner Intuition folgend aus: Ist an einer Stelle etwas zu viel, bringe es dorthin, wo zu wenig ist. Forme die Aura, glätte sie, bringe sie zurück in eine harmonische Gestalt. Streiche diese Schicht so lange aus, wie es dir von der Geistigen Welt vorgegeben wird – bis deine Intuition erkannt hat: Es ist genug.

Danach wendest du dich der zweiten Schicht zu, die dir von der Geistigen Welt vorgegeben wurde – auch wieder in einem Abstand von etwa 10 Zentimetern zum Körper. Du magst dich vielleicht wundern, warum du bei einer anderen Schicht nicht viel weiter vom Körper entfernt arbeiten musst – und zugegeben: Das erscheint etwas verwirrend. Doch die Aura unterliegt nicht den gleichen physikalischen Gesetzen wie der Rest unserer Welt. Wenn deine Intuition stimmig ist, wirst du Zugriff auf die nächste Auraschicht bekommen, auch wenn du in der gleichen Entfernung zum Körper arbeitest wie zuvor.

Du beginnst wieder am Kopf und streichst die Aura zu den Füßen hin aus, so lange, bis dir deine Intuition sagt: Es ist genug.

Die beiden Schichten der Aura, in denen du arbeiten sollst, liegen nun wie ein aufgeschlagenes Buch vor dir: direkt nebeneinander, auch wenn es sich beispielsweise um die erste und die sechste Schicht handelt. Der räumliche Abstand, den unser Intellekt hier vermutet, existiert in der seelenschamanischen Arbeit nicht. Du kannst in den Schichten lesen, siehst, wo sich Unpässlichkeiten oder Schmerzen (seelischer und körperlicher Art) manifestiert haben. Nun reguliere das Energiesystem, indem du die Auraschichten bearbeitest. Ergreife kraftvoll die Blockaden, die sich als dunkle Flecken zeigen, und übergib sie entweder Mutter Erde oder der Geistigen Welt zur Transformation.

Doch aufgepasst: Du solltest maximal zwei Schichten behandeln, da sonst der »Patient« überfordert sein könnte.

Natürlich kannst du auch etwas für dich selbst tun – und du solltest es sogar, wenn du mit anderen Menschen arbeiten möchtest. Je weniger Blockaden du selbst in deiner Aura hast, je weniger eigene Bilder deine Wahrnehmung trüben, desto klarer und wirkungsvoller wird deine Arbeit.

Da du selbst den ganzen Tag energetischen Einflüssen deiner Umwelt und deines unmittelbaren Umfeldes ausgesetzt bist, empfehle ich dir, jeden Abend deine Aura selbst zu reinigen und dich von anhaftenden Energien zu befreien.

Jeder Gedanke, alle Blicke, die dich im Laufe eines Tages treffen, sei es im Beruf, in der Freizeit oder auch in der Familie oder in der Partnerschaft, können sich in deinem Energiefeld absetzen und dafür sorgen, dass du dich unwohl fühlst. Dies kann so weit gehen, dass du nachts nicht schlafen kannst oder dich emotionale Träume plagen. Reinige deshalb jeden Abend deine Aura, bevor du dich zur Ruhe begibst.

Übung 11:
Die eigene Aura reinigen

Stelle dich aufrecht hin, und visualisiere deine Aura. Stelle sie dir so genau wie möglich vor. Vielleicht entdeckst du hierbei schon ein paar Unregelmäßigkeiten und leichte »Schrammen«. Dann nimmst du beide Hände, die du zu einer Halbschale geformt hast, und streichst, vom Kopf ausgehend, deine Aura selbst in kreisenden Bewegungen nach unten zu den Füßen aus.

Vertraue der Macht deiner Gedanken und deiner Intuition! Halte dir vor Augen, wie eine Mutter einem Kind, das sich wehgetan hat, den Schmerz wegpustet oder wegstreichelt.

Streiche alles Negative von dir ab, befreie dich von diesen Einflüssen – so lange, bis dein Gefühl dir sagt: Es ist genug.

Du wirst sehr schnell feststellen, dass du nachts viel ruhiger und intensiver schlafen kannst.

Die Aura stärken

Es gibt viele kleine Dinge, die du tun kannst, um deine Aura zu stärken. Die abendliche Reinigung, die im letzten Kapitel erwähnt wurde, gehört sicher ganz oben auf diese Liste. Wenn du diese einfache Reinigung regelmäßig ausführst, kannst du viele Blockaden, die sich durch am Tag an dir festgesetzte Gedankenformen entwickeln können, abwehren. Zusätzlich gibt es die Möglichkeit, Heilsteine zu verwenden und Visualisierungen zu Schutzzwecken durchzuführen. Eine kleine Auswahl von alltagstauglichen Ritualen findest du in meinem bereits erwähnten Buch über die Chakren.

Ganz allgemein kann man sagen, dass ein gesunder und bewusster Lebensstil deine Aura am besten schützt. Schlechte Ernährung, zu wenig Bewegung, zu wenig frische Luft, Stress, zu viel Alkohol, Drogen, Nikotin und negative Angewohnheiten, von denen du meinst, nicht lassen zu können, vermindern die Schutzfunktion deiner Aura. Lebe gesund und auf so naturnahe Weise wie möglich! Genieße das Leben, atme tief ein und aus, gehe viel barfuß, und halte dich viel in Wäldern, in den Bergen, an Flüssen oder Seen auf! Pflege Kontakte zu guten Freunden, mit denen positive Gespräche ohne das leider so weit verbreitete Phänomen des »Jammerns auf hohem Niveau« möglich sind! Verbringe viel Zeit mit Kindern und möglichst auch mit Tieren! Entwickle eine Verbindung zur Geistigen Welt, zum Göttlichen, zu Gott, dem großen Geist oder wie auch immer du es nennen möchtest! Vertiefe diese Beziehung täglich, meditiere und/oder schaffe deine eigenen Rituale, die dir guttun!

Und wenn du dich einmal völlig erschöpft fühlst und merkst, wie deine Aura angegriffen ist, dann fahre ans Meer … Am Meer sind die vier Grundelemente des Lebens am präsentesten: Feuer in Form der Sonne, Luft in Form der Meeresbrise, Wasser aus dem Meer und die Erde, auf der du stehst und die dich stets sicher trägt. Dein Körper ist in der Lage, diese Elementarenergien in Heilenergie umzuwandeln und dadurch deine Aura zu stärken.

Praktische Beispiele: Aura-Geschichten

Mithilfe der Übungen in diesem Buch kannst du viele wertvolle Erfahrungen machen und deine Sensitivität und Wahrnehmungsfähigkeiten verfeinern. Je mehr du praktisch arbeitest, desto sicherer wird dein Zugang zu diesen verborgenen Bereichen werden. Vieles, was wir im Seelenschamanismus tun, kann man kaum in Worte fassen – und wie man so sagt: Ein Gramm Praxis ist mehr wert als eine Tonne Theorie! Dieses Buch soll dir einen ersten Einblick verschaffen und ein Mindestmaß an theoretischem Hintergrund bieten, sodass du von dem Punkt, an dem du dich gerade befindest, zu einer wirklichen Abenteuerreise aufbrechen kannst.

Es gibt jedoch auch noch eine andere Form der Wissensvermittlung, auf die ich an dieser Stelle zurückgreifen möchte: das Erzählen von Geschichten! Schamanen waren seit jeher Geschichtenerzähler. Neben ihrer Funktion als Lehrer, Heilkundige, Wetter- und Jagd-Propheten, Tänzer, Sänger und Berater von Stammesoberhäuptern erzählten sie Geschichten, die ihre eigene Heilwirkung entfalteten. Viele Fabeln und Märchen, die wir heute noch kennen, tragen eine tief wirkende Botschaft in sich. Und das Beste ist, dass man sich diese Botschaft oft mühelos merken kann!

Ich bin gewiss kein gewiefter Märchenerzähler, und ich schreibe auch keine Fabeln. Was ich aber tun kann, ist, Geschichten aus meiner Praxis zu erzählen. Geschichten, die wirklich passiert sind, die Einzelschicksale und ihre Transformation betreffen und die dennoch allgemeingültig verstanden werden können. Ich denke, die folgenden Geschichten aus der Praxis können noch einmal verdeutlichen, was alles in der Aura erkannt werden kann und wie dieses Erkennen zur Heilung führt. Diese Geschichten stehen exemplarisch für viele Erlebnisse, die ich in meiner Tätigkeit haben durfte und für die ich zutiefst dankbar bin.

Claudia und ihre Aura

Es war vor etwa eineinhalb Jahren, an einem Septembermorgen, so gegen halb zehn. Gerade hatte ich die Räume meiner Akademie geöffnet, um das anstehende Seminar vorzubereiten, als Claudia* plötzlich tränenüberströmt in der Tür stand und mich um ein Gespräch bat.

»Ich bin nervlich und körperlich am Ende«, klagte sie.

Eigentlich hatte ich keine Zeit, denn für das bevorstehende Seminar gab es noch einiges zu tun. Aber als ich dieses Häufchen Elend so in der Tür stehen sah, konnte ich nicht anders, als sie hereinzubitten.

Ich bot ihr ein Glas Wasser an, das sie, ohne es abzusetzen, austrank.

Kaum hatte sie das Glas abgestellt, platzte es aus ihr heraus: »Seit acht Jahren lebe ich in einer wirklich glücklichen Beziehung. Und ich versuche seit Jahren, ein Kind zu bekommen. Langsam bekomme ich Panik! Schließlich werde ich nicht jünger. Und irgendwann werde ich zu alt dafür sein.«

---

* Alle Namen sind vom Autor geändert worden.

Während Claudia mir ihr Problem schilderte, sah ich in ihrer Aura, dass hier etwas nicht zusammenpasste.

»Erzähle mir von deiner Kindheit«, bat ich.

Claudia stutzte, hakte aber nicht nach, sondern begann unbeirrt, zu erzählen:

»Da muss ich wohl bei meinem Vater anfangen. Ich war noch ein Baby, da hat er die Familie verlassen und uns ohne Geld und Wohnung im Stich gelassen. Bis heute hat er sich nicht mehr um uns gekümmert. Meine Mutter ist damals, kurz nachdem mein Vater gegangen war, schwer krank geworden und ist heute ein Pflegefall. Ich kümmere mich um sie, so gut es geht. Ich weiß, wo mein Vater wohnt und wo er arbeitet, ich kenne ihn, habe ihn schon einige Male angesprochen. Ich weiß, dass er gut verdient, aber diesem Lump ist es völlig gleichgültig, wie es uns und vor allem wie es meiner Mutter geht.«

Auch jetzt konnte ich in Claudias Aura ein deutliches Bild ihres Problems wahrnehmen und erkennen, und ich bat sie deshalb, mir etwas über die Beziehung zu ihrem Partner zu erzählen.

»Meinen Partner habe ich vor etwa neun Jahren auf einer Party kennengelernt. Wir waren beide etwas angetrunken, aber das war gewiss nicht der Grund, warum ich mich Anhieb so verstanden fühlte. Der Alkohol war höchstens der Grund, dass ich etwas leichtsinnig war. Aber in seinen starken Armen fühlte ich mich, zum ersten Mal eigentlich, so richtig geborgen. Gegen zwei Uhr morgens brachte er mich nach Hause und gab mir endlich mal das Gefühl, eine Frau zu sein. Wir verbrachten den Rest der Nacht zusammen, liebten uns, und dabei muss es wohl geschehen sein.«

»Was geschehen?«, hakte ich nach, obwohl ich die Antwort natürlich kannte.

Claudia druckste ein wenig herum. Ich bemerkte, dass es ihr nicht leichtfiel, weiterzuerzählen.

»Zwei Monate später stellte ich fest, dass ich schwanger war. Ich war darüber, ehrlich gesagt, richtig glücklich, obwohl diese Schwangerschaft ja nicht gewollt war. Diese Freude wollte ich nun mit meinem Freund teilen, ganz feierlich, bei einem Glas Wein. Als ich ihm meine Schwangerschaft gestand und ihm sagte, dass ich mich auf das Kind freue, war seine Reaktion aber nicht so, wie ich sie erwartet hatte. ›Bist du verrückt! Ich kann mir jetzt kein Kind leisten‹, brüllte er. Und drohte, dass er mich verlassen würde, wenn ich das Kind nicht abtreiben lassen würde. Dann verließ er, völlig aufgebracht, meine Wohnung und ließ mich allein in meinem Schmerz. In dieser Nacht kamen wieder die schmerzhaften Erinnerungen aus meiner Kindheit hoch. Ich bekam einen Weinkrampf, war nahe an einem Nervenzusammenbruch und hatte die kommenden Tage furchtbare Schmerzen im Unterleib. Vermutlich war das alles der Auslöser für den Verlust meines Babys. Nachdem ich einige Zeit gebraucht hatte, um mich in den Griff zu bekommen, tauchte mein Partner plötzlich wieder auf. Vermutlich hatte er mitbekommen, dass ich das Kind verloren hatte. Er entschuldigte sich und berichtete mir offen von seinen eigenen Ängsten, die seiner – mittlerweile auch für ihn – unverständlichen Reaktion zugrunde lagen. Ich erlag wieder seinem Charme, wir verbrachten und verbringen bis heute tolle Nächte, aber, obwohl sich auch er inzwischen sehnlichst ein Kind wünscht, werde ich nicht schwanger. Er steht jetzt beruflich auf sicheren Beinen, und wir sind seit drei Jahren verheiratet. Aber schwanger werde ich nicht, und das ist jetzt mein Problem.«

Als Claudia mit ihrer Geschichte fertig war, lag der seelische Hintergrund ihres Problems klar auf der Hand. Ich hatte ihn in ihrer Aura »gelesen«, denn immer, wenn sie über ihren Mann sprach, fiel ihre Aura zusammen. Das ist für mich ein ganz eindeutiges Zeichen, dass die Verletzung aus der Kindheit stammt. Aus der Zeit also, als ihr Vater die Familie verließ. Nach der unliebsamen Erfahrung mit ihrem Partner, als sie ihm ihre Schwangerschaft mitteilte, wurden diese frühen Erfahrungen noch einmal ganz intensiv hervorgerufen, sodass sie sich eine Schwangerschaft unterbewusst selbst verwehrte, um nicht verlassen zu werden. Ich löste nun ihre Blockaden, die sich bei ihr schon sehr früh gebildet hatten. Sie waren deutlich als dunkle Flecken in ihrer dritten Auraschicht erkennbar, der Schicht, in der oft Verletzungen aus der frühen Kindheit gespeichert werden.

Inzwischen hat Claudia einen gesunden Sohn geboren und ihr Mann ist furchtbar stolz auf seine Familie. Beide wünschen sich noch ein zweites Kind.

Durch das Gespräch und den Blick in die Aura konnte ich sehr schnell den wahren, seelischen Hintergrund der Blockaden erkennen und auflösen.

Als Heinz bei mir anklopfte

Zuerst dachte ich, ein Geist stehe vor meiner Tür. Nein, wirklich! Dieser Dr. Heinz Kaldewei, als der sich diese Erscheinung vorstellte, hatte tatsächlich etwas Geisterhaftes an sich. Aber er war, wie sich bald herausstellte, ein Mann in den Fünfzigern und kein Geist, sondern ein menschliches Wrack.

Mit gedrückter Stimme bat er mich um ein Gespräch, weil es ihm schlecht, sehr schlecht gehe, wie er sagte.

Bei genauerer Betrachtung erkannte ich in seiner Aura lauter große, schwarze Flecken, und ich sah gleich, dass die Energie dieses Mannes auf ein Minimum reduziert war. Normalerweise reicht die Ausstrahlung einer menschlichen Aura 80 bis 120 Zentimeter weit. Sein Energiefeld hatte aber lediglich eine Stärke von etwa 20 Zentimetern. Allein der Blick in seine Aura signalisierte mir, in welch jämmerlichem Zustand er sich befand.

Ich bat Heinz, mir zu folgen. Ich führte ihn auf direktem Wege in mein von jeglicher Fremdenergie geschütztes Arbeitszimmer. Dort wies ich Heinz einen speziellen, für meine Arbeit geeigneten Platz zu.

Nach der üblichen schamanischen Vorbereitung begann Heinz, mir seine Geschichte zu erzählen:

»Schau mich an, ich habe in den letzten vier Jahren über 40 Kilo abgenommen! Seit dieser Zeit habe ich permanent Durchfall. Bis zu achtmal am Tag muss ich rennen. Wenn keine Toilette in meiner Nähe ist, fühle ich mich gestresst. Ich bin ja selbst Arzt, mache viele Hausbesuche, bin also relativ häufig unterwegs. Unter diesen Umständen ist es einfach schwierig, meinen Beruf noch gewissenhaft auszuführen, weil ich ständig das Problem mit der Toilette habe.

Als mein Problem vor vier Jahren begann, habe ich selbst ein Jahr lang versucht, es nach allen Regeln der Schulmedizin in den Griff zu bekommen. Ich verordnete mir selbst Magen- und Darmspiegelungen, die ergebnislos blieben. Ich probierte alternative Methoden aus, veränderte meine Ernährung, stellte verschiedene Kuren für mich zusammen, machte verschiedene Magen- und Darmreinigungen. Aber nichts von alledem führte zu einer Linderung, geschweige denn zur Heilung. Im Gegenteil! Alles wurde immer schlimmer.

Als ich mir keinen Rat mehr wusste, nahm ich die Hilfe eines Kollegen, eines Spezialisten für Magen- und Darmprobleme, in Anspruch. Über ein Jahr experimentierte er an meinem Leiden herum, ohne dabei irgendetwas zu bewirken. Als ich immer mehr Gewicht verlor, riet mir ein anderer Kollege, die Arbeit zu teilen. Einen anderen, vielleicht noch jungen Arzt in die Praxis aufzunehmen, damit ich entlastet werde. Vielleicht war der Stress ja die Ursache allen Übels. Nach kurzem Zögern folgte ich seinem Ratschlag, in der Hoffnung, dass sich dadurch eine Verbesserung einstellen würde. Doch es geschah nichts! Seit vier Jahren muss ich mich nun damit herumschlagen. Und 40 Kilo habe ich abgenommen. Und wie du siehst, sehe ich aus wie der Tod persönlich.«

Während dieser letzte Satz noch in mir nachhallte, fragte ich Heinz: »Wie bist du denn gerade auf mich gekommen?«

Heinz lächelte. »Über dein Buch«, sagte er. »Ich habe es vor ein paar Tagen in meiner Buchhandlung, beim eher absichtslosen Stöbern, entdeckt. Ich glaube, es hat mich magisch angezogen. Da habe ich es gekauft, mich damit in ein Café gesetzt und konnte nicht aufhören, darin zu lesen. Noch im Café stand für mich fest, dass ich diesen Rainbowman kennenlernen muss. Ich informierte mich also, und nun bin ich hier.«

Während Heinz erzählte, beobachtete ich seine Aura und seine Hände.

Da die gekränkte und verletzte Seele nicht reden kann, bekomme ich meine Informationen über die seelische Ursache einer Unpässlichkeit über die Aura und über die Hände. Im vorliegenden Fall war das Problem der Durchfall. Ich erkannte in Sekundenschnelle die seelische Ursache. Heinz' Aura und seine Hände hatten mir den Weg zu der seelischen Ursache seines Leidens gezeigt.

Aufgrund dieser Informationen bat ich Heinz, mir etwas über seinen Vater zu erzählen. Kaum hatte er die ersten Silben über die Lippen gebracht, fing er an zu weinen. Da wusste ich, dass ich den wahren, seelischen Hintergrund erkannt hatte. Als sich Heinz wieder etwas beruhigt hatte, war er bereit, mir von seinem Vater zu erzählen:

»Mein Vater war Professor an einer Uniklinik. Eine Koryphäe auf seinem Gebiet. Ehrgeizig, richtig besessen davon, überall als der Beste zu gelten. Kaum war ich in der Schule, sollte ich dem nacheifern, was er mir vorgelebt hatte. Die besten Schulnoten musste ich haben. Das Abitur mit eins abschließen, alles darunter war nichts wert, kam einem Versagen gleich. Dann das Studium, da kam nur ein Medizinstudium infrage. Schließlich sollte ich ja in seine Fußstapfen treten. Und immer der Beste sein. Summa cum laude – wenn er so abgeschlossen hatte, dann musste das der Sohn doch auch hinbekommen. Dabei wollte ich etwas ganz anderes. Ich wollte einen künstlerischen Beruf ausüben. Maler werden. Landschaftsmaler. Die Natur, die ich doch über alles liebe, auf einer Leinwand abbilden. Talent dazu hatte ich, das wurde mir vom Kunstlehrer bestätigt. Ein einziges Male hab ich meinem Vater den Wunsch gebeichtet. Gebeichtet ist wirklich das richtige Wort, denn mein Wunsch kam meinem Vater wie ein Verbrechen vor. Ein Donnerwetter hat der veranstaltet. ›Schämst du dich nicht?!

Der Sohn eines Professors der Medizin ein Taugenichts?!‹ Künstler waren in seinen Augen immer Leute, die nicht arbeiten wollten. Nach dieser Auseinandersetzung habe ich nie wieder mit ihm darüber geredet. Ich bin zwar nur ein Landarzt geworden, habe nicht die große Karriere meines Vaters gemacht, aber immerhin bin ich Arzt geworden, was meinen Vater wenigstens ansatzweise zufriedengestellt hat. Der Alltag hat meinen Malwunsch irgendwann ganz verdrängt. Mein Vater war für mich immer ein Übervater. Das hat sich bis heute nicht geändert.«

Nach einer Schweigeminute antwortete ich ihm: »Heinz, du hast dich ein Leben lang selbst unter Druck gesetzt, um den Anforderungen deines Vaters gerecht zu werden. Selbst, als du glaubtest, er erreiche dich nicht mehr. Da hast du dir mit der eigenen Praxis dann selbst einen Druck geschaffen. In Wirklichkeit aber wolltest du immer deinem Vater gerecht werden und gefallen. Dieses Trauma sitzt fest verankert in dir: die Angst, zu versagen, deinen Vater zu enttäuschen. Das ist die seelische Ursache deiner Darmerkrankung. Daher der permanente Durchfall. Du konntest dem Druck nicht mehr standhalten, deshalb fließt es aus dir hinaus. Kannst du das nachvollziehen?«

Heinz nickte unsicher. Meine Äußerungen hatten etwas in ihm zum Klingeln gebracht, ein wenig skeptisch war er dennoch.

Nachdem ich die Blockaden in Heinz' Unterbewusstsein gelöscht hatte und er sich dazu entschlossen hatte, seinen Beruf nur noch halbtags auszuüben, um den Rest seiner Zeit mit Malen zu verbringen, änderte sich seine Unpässlichkeit innerhalb weniger Tage.

Heute wiegt Heinz wieder 15 Kilo mehr, klagt nicht mehr über Durchfälle und lebt sein Leben in einer glücklichen Balance.

Heike und die Geschwulst

Vor ein paar Jahren kam eine verzweifelte junge Frau zu mir und berichtete von einer bösartigen Geschwulst, die in ihrer rechten Brust entdeckt worden sei. Sie machte sich verständlicherweise große Sorgen und war von Angst erfüllt.

Ich sprach lange mit ihr und versuchte mithilfe der Geistigen Welt, die seelische Ursache ihrer Krankheit zu erforschen.

Während unseres Gesprächs passierte es mehrere Male, dass ich oder sie selbst ihren Mann erwähnte. Jedes Mal sackte dann ihre Aura förmlich in sich zusammen. Für mich ein deutliches Zeichen, dass ich hier genauer hinsehen sollte.

Ich erwähnte auch ihre Mutter, ihren Vater und ihre Kinder – stets blieb ihre Aura stabil. Nur wenn das Gespräch auf ihren Mann kam, fiel die Aura zusammen.

Irgendwann zeigte sich dies auch äußerlich, und sie begann, bitterlich zu weinen und sich endlich auszusprechen. Ihr Mann schlug sie und unterdrückte sie, wo er nur konnte. Sie war in der Beziehung zu ihm völlig entwertet worden, bezweifelte alles, was sie tat, und suchte bei sich selbst die Schuld für das Verhalten ihres Mannes. Dieses Wertigkeitsthema war deutlich als dunkler Fleck in ihrer zweiten Auraschicht erkennbar. Energetisch konnte sie ihre eigene Männlichkeit überhaupt nicht leben, sondern wurde von ihrem Mann beherrscht und in ihrem ganzen Sein reduziert.

Ich löste die gefundene Blockade bei ihr und begleitete sie noch eine ganze Weile energetisch. Nach einer gewissen Zeit reichte sie die Scheidung ein, deren Abwicklung sich dann noch ein ganzes weiteres Jahr hinzog. Nachdem alles erledigt war und sie sowohl innerlich als auch äußerlich die Bande zu ihrem Mann gekappt hatte, verschwand die Geschwulst und tauchte auch nicht mehr auf.

Das verlorene Paar

Es war eigentlich wie immer: Ich war in einer größeren Stadt zu Gast und saß an der Frontseite der Halle, wo ich mich, während die Gäste nach und nach eintrudelten, auf meinen Vortrag über Seelenschamanismus vorbereitete.

Der Saal begann sich zu füllen, und wie immer bei meinen Vorträgen waren da auch etliche Zuhörer, die mich von früheren Vorträgen her kannten und mich, bevor es losging, bereits ansprachen und sich auf einen spannenden Abend freuten.

Während ich also ganz vorn saß, den Blick aufs Publikum gerichtet, spürte ich intuitiv, dass irgendetwas hier höchst ungewöhnlich war! Aber ich konnte dem nicht weiter nachgehen, weil eine Besucherin mich bat, ihr auf eine sehr persönliche Frage, die auf geradezu dramatische Weise ihr Leben betraf, zu antworten.

Zwischenzeitlich hatte sich der Saal bis auf den letzten Platz gefüllt. Ich hörte die Kirchturmuhr 20 Uhr schlagen. Es war also an der Zeit, mit meinem Vortrag zu beginnen.

Ich begreife meine Vorträge immer auch als Kommunikation!

Allein der Austausch, so habe ich erfahren, schafft Nähe und somit eine vertraute Atmosphäre, in der die Besucher sich trauen dürfen, auch intime Probleme auszusprechen. Ich halte also ständig Kontakt zu meinen Zuhörern, auch und vor allem auf energetischer Ebene.

An diesem Abend war irgendetwas anders als sonst. Ich hatte dies ja schon vorher gespürt, war aber immer wieder von Gästen mit spannenden Geschichten im Gepäck abgelenkt worden. Jetzt aber zog es mich magisch zu der Aura einer Frau hin, dann zu der Aura eines Mannes, die beide eine so besondere Ausstrahlung hatten, dass sie mich in ihren Bann zogen. Auch ohne mich darauf zu konzentrieren, nahm ich hier etwas Ungewöhnliches wahr, sodass ich die Geistige Welt um Erlaubnis bat, genauer hinschauen zu dürfen, und diese Bitte wurde mir auch gewährt.

Ich legte eine kurze Pause ein und bat in dieser den Hausmeister, mir zwei Stühle zu bringen. Diese beiden Stühle stellte ich vor dem Publikum Lehne an Lehne auf die Bühne.

Nachdem sich die Stuhlreihen wieder gefüllt hatten, bat ich die Zuhörer um volle Konzentration und Ruhe. Ich versprach ihnen eine Überraschung. Im Saal wurde es nun mucksmäuschenstill.

Dabei basierte meine Vermutung allein auf der Ausstrahlung, der Aura dieser beiden Menschen, die mein Drittes Auge im Visier hatte.

Ich stieg von der Bühne und ging zu dem Mann, der seinen Platz auf der linken Saalseite hatte, und bat ihn, mir nach vorn zu folgen. Bereitwillig stimmte er zu und folgte mir auf die Bühne.

»Nimm bitte auf einem dieser beiden Stühle Platz«, sagte ich.

Als der Mann sich gesetzt hatte, ging ich auf die andere Saalseite. Dort saß die Frau, deren Aura mich gleichermaßen in ihren Bann gezogen hatte.

Ich bat sie, mir ebenfalls auf die Bühne zu folgen, um auf dem anderen Stuhl Platz zu nehmen. Sie folgte mir neugierig, wenn auch nicht ohne Skepsis.

Als die beiden nun Rücken an Rücken saßen, wandte ich mich ans Publikum: »Ich habe euch eine Überraschung versprochen, aber ich will nichts vorwegnehmen.«

Das Publikum staunte. Schließlich war es daran gewöhnt, dass meinem Vorhaben immer eine Erklärung voranging. Und nun das?!

Ich erzählte dem Publikum von meinen Wahrnehmungen jener Energien, die ich in den Auren der beiden Personen sehen und spüren konnte.

Ich wandte mich nun an die Frau und bat sie, mir ihr Geburtsdatum leise ins Ohr zu flüstern. Dieselbe Bitte richtete ich anschließend an den Mann.

Es war nun an der Zeit, dass ich beiden folgende Frage stellte: »Könnt ihr euch vorstellen, dass ihr beide etwas gemeinsam habt?«

Beide schüttelten verneinend den Kopf, und der Mann unterstrich das mit einem bestimmten »Nein!«

Jetzt bat ich den Mann, mir seinen Familienamen leise ins Ohr zu flüstern. Danach richtete ich dieselbe Bitte an die Frau: »Sag mir deinen Mädchennamen leise ins Ohr.«

Im Publikum wuchs die Spannung. Ich aber sah meine Wahrnehmung bestätigt, hatte die Auren also richtig gedeutet, und konnte endlich mit der Auflösung beginnen.

Ich sprach nun mit den beiden, die noch immer geduldig, aber äußerst angespannt auf den Stühlen verharrten: »Ihr beide habt sehr viele Ähnlichkeiten in eurer Aura. Ihr beide habt dasselbe Geburtsdatum. Ihr beide habt denselben Familiennamen. Ihr beide seid sicherlich Zwillinge. Was meint ihr dazu?«

Beide standen auf, drehten sich zueinander und schauten sich lange in die Augen. Da fielen sie sich plötzlich weinend in die Arme.

Viele Personen im Publikum waren emotional so ergriffen, dass ihnen ebenfalls Tränen in die Augen schossen.

Nach kurzer Zeit begann der Mann zu erzählen: »Bei Kriegsende wurden wir als kleine Kinder von unseren Eltern getrennt. Beide Elternteile hatten den Krieg nicht überlebt. Ich kam zu einer Tante, meine Schwester in eine Pflegefamilie. Seither haben wir uns aus den Augen verloren. Ich habe immer wieder versucht, meine Schwester zu finden. Meine Bemühungen waren nicht von Erfolg gekrönt. Das Kuriose dabei ist, dass wir als Kinder viele Jahre lang in derselben Stadt gelebt haben, ohne uns über den Weg zu laufen. Und selbst heute haben wir uns offenbar nicht erkannt!«

Ich konnte nur schmunzeln, meinen Dank an die Geistige Welt richten und wieder einmal darüber staunen, welche Informationen die Aura übermitteln kann.

Schlusswort

Dieses Büchlein soll dir dabei helfen, ein anderes Bewusstsein für dein Umfeld zu bekommen und dich nicht allein auf deine optische Wahrnehmung zu verlassen. Wenn du inspiriert bist, deine Sinne zu verfeinern und deine geistigen Kräfte in Bereiche auszudehnen, die du bislang noch nicht oder nur kaum erfahren hast, habe ich mein Ziel erreicht.

Dieses Buch möchte ein kleiner Wegweiser sein, dessen Zielvorgabe deine eigene Mitte ist, denn dahin soll es dich, Schritt für Schritt, führen. Dein eigenes Ausprobieren, deine eigene Praxis wird dich leiten, und so wirst du dir selbst und deiner Intuition immer mehr vertrauen.

Ich wünsche dir alles Gute und den Beistand der Geistigen Welt für deinen Weg! Mögest du deine inneren Blockaden beiseiteräumen und immer mehr du selbst werden!

Reinhard Stengel

Weitere Informationen zu mir und meinem Seminar- und Vortragsangebot findest du unter:
www.reinhard-stengel.de

Die Reihe »Seelenschamanische Energiearbeit«

Die Aura sehen, verstehen und heilen
96 Seiten
ISBN: 978-3-8434-5072-0

Chakren fühlen, ausgleichen und anregen
96 Seiten
ISBN: 978-3-8434-5063-8

Das innere Kind, die innere Frau, den inneren Mann erwecken und harmonisieren
96 Seiten
ISBN: 978-3-8434-5090-4

Flüche, Besetzungen, Implantate lösen
96 Seiten
ISBN: 978-3-8434-5064-5

Die Schwangerschaft aufarbeiten
Auflösung der frühesten Prägungen
96 Seiten
ISBN: 978-3-8434-5091-1

Zwischen den Welten
Schamanische Reisen als Weg zu uns selbst
96 Seiten
ISBN: 978-3-8434-5096-6

Seelengespräch mit dem Körper
Die Botschaften des Körpers entschlüsseln
96 Seiten
ISBN: 978-3-8434-5095-9